AF201766

Für Sophie und Lucas
– Katrin Topsch

© 2024 Carlsen Verlag GmbH, Völckersstraße 14–20, 22765 Hamburg
Originalausgabe
Text: Katrin Topsch
Umschlag- und Innenillustrationen: Kathrin Fehrl
Lektorat: Katharina Eisele
Produktionsmanagement: Sara Trieglaff
Dieses Werk wurde vermittelt durch das Lektoratsbüro Birte Spreng – Herz und Zeile
ISBN 978-3-551-52236-8

Wir behalten uns die Nutzung unserer Inhalte für Text- und Data-Mining
im Sinne von § 44b UrhG ausdrücklich vor.

Noch mehr schöne Bücher findest du auf www.carlsen.de

Katrin Topsch | Kathrin Fehrl

Vier Uhr morgens!

Vier Uhr morgens!
Das ist genau die richtige Zeit,
um wach zu werden.

... um aus dem Bett
zu klettern.

... um einen kleinen
Purzelbaum zu machen.

Und genau die richtige Zeit,
um zu gucken, ob Mama und Papa
auch aufwachen wollen.

Nö, wollen sie nicht.

Das ist genau die richtige Zeit,
um zu gucken, ob Nils Nilpferd sich auch
gerade ein bisschen langweilt.

... um Nils Nilpferd
deinen Traum zu erzählen.

... um Nils Nilpferd
ein kleines *Lied* vorzusingen.

Und genau die richtige Zeit,
um barfuß ein bisschen durch
die Wohnung zu spazieren.

Das ist genau die richtige Zeit,
um nach deinen anderen
Freunden zu sehen.

... um Mia Meerschwein Guten Morgen zu sagen.
Oh, sie schläft tief und fest!

... um Kater Karl
Guten Morgen zu sagen.
Oh, er ist wach!

Und genau die richtige Zeit,
um ganz leise mit
Kater Karl zu spielen.

Das ist genau die richtige Zeit,
um ein großes Bild zu malen.

... um ein paar Sticker zu verteilen.

... um zu merken, dass Kater Karl
Sticker nicht so toll findet.

Miau!

... um ein bisschen am Papier vorbeizupinseln.

Und genau die richtige Zeit, um die allerschönsten Kunstwerke aufzuhängen.

Das ist genau die richtige Zeit,
um auszuprobieren,
wie Omas Regenschirm aufgeht.

... um auszuprobieren,
ob Mamas Fahrradhelm sich
gut anfühlt.

... um auszuprobieren,
ob dir Papas Stiefel passen.

Und genau die richtige Zeit,
um auszuprobieren, wie Omas Regenschirm,
Mamas Fahrradhelm und Papas Stiefel
zusammen aussehen.

Oh, ganz schön schick!

Das ist genau die richtige Zeit,
um einen wackeligen Turm aus
Schuhen zu bauen.

... um zu merken, dass wackelige
Türme sehr leicht umkippen.
Ups ... nichts passiert, Karl!

... um hinter dem leeren Schuhregal ein verlorenes Bilderbuch zu entdecken.

Und genau die richtige Zeit, um Kater Karl eine Geschichte vorzulesen.

Das ist genau die richtige Zeit,
um mal schnell aufs Klo zu müssen.

... um sich die Hände mit
der Seife zu waschen,
die so gut duftet.

... um im Waschbecken einen riesengroßen Schaumberg zu machen.

Und genau die richtige Zeit, um ein paar Seifenblasen durch die Luft zu pusten.

Das ist genau die richtige Zeit,
um ein bisschen hungrig zu werden.

... um deinen eigenen
Keksteig zu mischen.

... um das Rezept
zu vergessen.

Und genau die richtige Zeit, um ganz
hinten im Schrank einen großen
Schokokeks zu finden.
Mjam!

Das ist genau die richtige Zeit,
um ein bisschen aus dem
Fenster zu gucken.

... um einen späten Stern
am Himmel zu entdecken.

... um einen frühen Vogel singen zu hören.

Und genau die richtige Zeit, um vorsichtig die Balkontür aufzumachen.

Das ist genau die richtige Zeit,
um im Schlafanzug in der
frischen Morgenluft zu stehen.

... um ein bisschen Vogelfutter
ins Häuschen zu streuen.

... um beim Blumengießen
pitschenasse Füße
zu bekommen.

Und genau die richtige Zeit,
um lieber wieder reinzugehen.

Das ist genau die richtige Zeit, um zu merken, dass dir ein bisschen kalt geworden ist.

... um zu merken, dass du dich ein bisschen einsam fühlst.

... um ganz schnell zu
Mama und Papa ins
warme Bett zu klettern.

Und es ist die
allerbeste Zeit ...

... zum Kuscheln!

Fünf Uhr morgens!

Das ist genau die richtige Zeit,
um wieder einzuschlafen.

Gute Nacht zusammen!